Materia cambiante

Karen Larson

Asesor

Michael Patterson
Ingeniero en sistemas principal
Raytheon Company

Créditos de imágenes: págs.20–21 (fondo) Robert Harding World Imagery/Alamy; pág.32 ZUMA Press, Inc/Alamy; pág.19 (ilustraciones) Tim Bradley; pág.24 Lexa Hoang; pp.2–5 (fondo), 7 (derecha), 8–10, 11 (derecha inferior), 12–13 (fondo), 13 (inferior y dereacha); 14–15 (fondo), 16–17, 22–23, 25, 30–31 iStock; pág.25 (superior) Jessica Gow/epa/Newscom; págs.28–29 (ilustraciones) J.J. Rudisill; pág.25 (inferior) Pascal Goetgheluck/Science Source; todas las demás imágenes cortesía de Shutterstock.

Teacher Created Materials
5301 Oceanus Drive
Huntington Beach, CA 92649-1030
http://www.tcmpub.com
ISBN 978-1-4258-4680-0

Contenido

¿Qué es la materia?

Cuando te preguntan: "¿Qué materia estudias?", te preguntan sobre qué estás estudiando. Pero cuando te preguntan: "¿Qué es la materia?", no te preguntan por la escuela. ¡Es una pregunta de ciencia!

Observa el mundo a tu alrededor. Todo lo que ves es materia. Las nubes en el cielo son materia. La pelota que está escondida debajo de tu cama es materia. La crujiente manzana roja de tu almuerzo es materia. ¡También lo es el jugo de manzana en tu vaso! La materia es grande y la materia es pequeña. Existe de muchas formas. El puente Golden Gate y una pelota de fútbol son ejemplos de materia, ¡y hasta TÚ lo eres también!

puente Golden Gate

5

Propiedades de la materia

La materia existe de muchas formas. Tiene diferentes **propiedades** según su forma. Una propiedad es una cualidad que tiene un objeto. Es algo sobre un objeto que puedes ver, medir u oír. Es algo que puedes observar. El color de algo es una propiedad. El rojo es una propiedad de una manzana. El tamaño también es una propiedad. La altura extrema es una propiedad de un rascacielos. Hasta el sabor puede ser una propiedad. La dulzura es una propiedad del azúcar. Conocer las propiedades de un objeto nos ayuda a comprenderlo mejor.

Más sobre la masa

La masa no es lo mismo que el peso. La masa es siempre la misma, sin importar dónde estés. La gravedad es la fuerza que nos atrae, y que atrae a todo lo demás que está en el planeta, hacia la Tierra. Entonces algo pesará más sobre la Tierra (donde hay más gravedad) que sobre la Luna (donde hay menos gravedad).

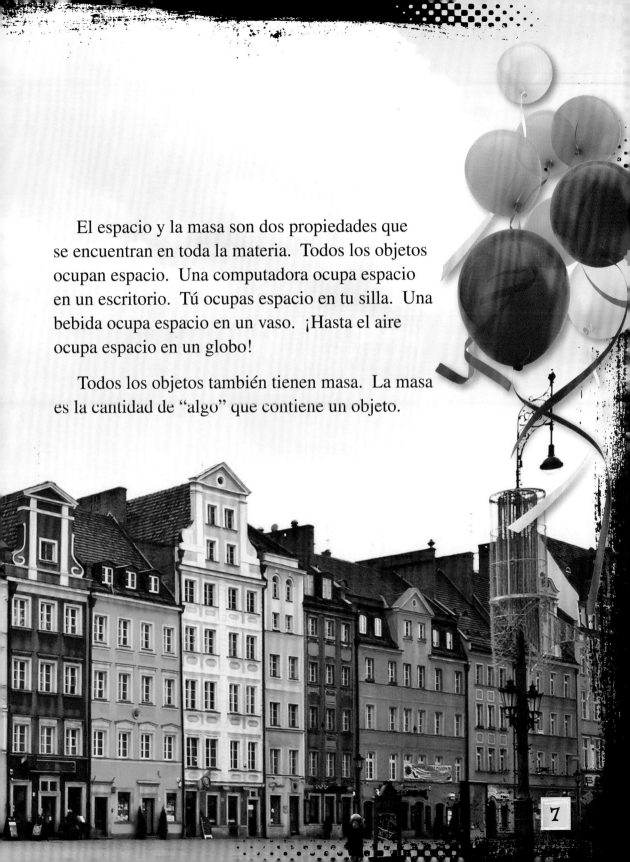

El espacio y la masa son dos propiedades que
se encuentran en toda la materia. Todos los objetos
ocupan espacio. Una computadora ocupa espacio
en un escritorio. Tú ocupas espacio en tu silla. Una
bebida ocupa espacio en un vaso. ¡Hasta el aire
ocupa espacio en un globo!

Todos los objetos también tienen masa. La masa
es la cantidad de "algo" que contiene un objeto.

Estados de la materia

La materia puede tener la forma de un sólido, un líquido o un gas. Cada estado de la materia tiene sus propias y únicas propiedades.

Sólidos

Los sólidos pueden ser duros o blandos. Pueden ser grandes o pequeños. La madera es materia sólida. El plástico, el metal, la piedra, los huesos, la paja, la arena y las galletas son todos sólidos. Entre los sólidos hechos por el hombre, se incluye todo desde computadoras, hasta llaves y la ropa que usas. El hielo es un sólido conocido. Es el estado sólido del agua. Los objetos en estado sólido no cambian de forma fácilmente.

Dentro de la materia

La materia está compuesta por **moléculas**. Estas partículas son demasiado pequeñas para que el ojo humano las pueda ver. Las moléculas pueden ser muy pequeñas, pero también son muy importantes. Su velocidad determina el estado que tiene la materia.

Gas

En un gas, las moléculas se mueven rápidamente y en todas las direcciones.

Líquido

En un líquido, las moléculas están más juntas y se mueven libremente.

Sólido

En un sólido, las moléculas vibran y están pegadas, muy juntas.

Líquidos

A diferencia de los sólidos, los líquidos pueden cambiar de forma. Pueden fluir, verterse y hasta se pueden derramar. Cambian de forma para llenar el espacio que los rodea. La leche, el aceite y la tinta son todos líquidos. ¿Alguna vez has volcado accidentalmente un vaso de jugo? Probablemente haya fluido desde el vaso y se haya esparcido por todas partes. Quizás se cayó desde la mesa hasta el suelo. Esto se debe a que el líquido fluye libremente.

El agua es el líquido que se encuentra más comúnmente en la Tierra. No tiene una forma definida, como la tiene el hielo. En cambio, toma la forma de su contenedor. Si no tiene un contenedor, el agua sigue fluyendo, como el jugo volcado. El agua está hecha de las mismas moléculas que las que hay en el hielo. Pero las moléculas en el agua se mueven más libremente.

Volumen

El **volumen** mide la cantidad de espacio que ocupa la materia. El volumen de un líquido con frecuencia se mide con un cilindro graduado o vaso de precipitado.

cilindros graduados

Fluir lentamente

Algunos líquidos fluyen más lentamente que otros. La miel fluye más lentamente que el agua. El pegamento de caucho es aún más denso y fluye incluso más lentamente. Pero sigue siendo un líquido.

Gases

Los gases no tienen forma ni tamaño propio. Se esparcen rápido para llenar el espacio que los rodea. Al igual que los líquidos, los gases fluyen fácilmente. Pero también se pueden **comprimir**, o apretar. Un ejemplo de compresión es una pelota de baloncesto. El gas se introduce a la fuerza a través de un pequeño orificio en la pelota con la ayuda de una aguja para inflar. Cuando se retira la aguja, se cierra el orificio. El gas solo puede escaparse si se abre el orificio.

Los globos aerostáticos usan gas caliente para llevar a las personas por el aire.

Los gases son generalmente invisibles. Así que la mayor parte del tiempo, no podemos verlos. Pero los gases están en todo tu alrededor. Hasta un vaso vacío está lleno de aire. El aire que respiramos es una mezcla de muchos gases. Uno de esos gases es el oxígeno.

Comparación de la materia

Los sólidos, líquidos y gases son todos muy diferentes. Pero todos se parecen de algunas formas.

sólido
> tamaño estable
> forma estable
> los **átomos** están pegados muy juntos unos con otros

líquido
> los átomos se mueven fácilmente
> cambia de forma para adaptarse al contenedor

> volumen definido

> hechos de átomos
> ocupan espacio

> no tienen forma definida

gas
> el tamaño y la forma cambian para adaptarse al contenedor
> puede comprimirse
> los átomos se mueven rápidamente

Plasma

Muchas personas creen que existen solamente tres estados de la materia. ¡Pero en realidad son más! El plasma es el cuarto estado de la materia. Es similar a un gas, pero se ve afectado por los **imanes**. Con frecuencia es muy caliente. De hecho, ¡es el tipo de materia más común en el universo! Es posible que el universo se haya formado a partir de una bola de plasma. En la actualidad, el plasma se encuentra en el Sol, en las estrellas, en los relámpagos e incluso en algunas pantallas de televisión. Los científicos experimentan constantemente para encontrar diferentes formas de usar el plasma. En un futuro, es posible que usemos el plasma para crear energía eléctrica.

El plasma no pasa inadvertido, ya que brilla.

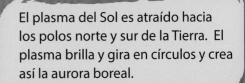

El plasma del Sol es atraído hacia los polos norte y sur de la Tierra. El plasma brilla y gira en círculos y crea así la aurora boreal.

Aurora boreal

La aurora boreal es un bello espectáculo de luces en el cielo nocturno en el norte de la Tierra. Ocurre cuando el viento solar mueve las partículas de la atmósfera del Sol hacia la atmósfera de la Tierra. El viento solar es una veloz corriente de electrones y protones hecha de plasma.

¿y tú?

Tu cuerpo está compuesto por tres estados de la materia. Tienes huesos y dientes sólidos. La piel, el corazón y el cerebro también son sólidos. La sangre, el sudor y las lágrimas son líquidos. Hay aire en los pulmones, en los senos nasales y dentro del estómago.

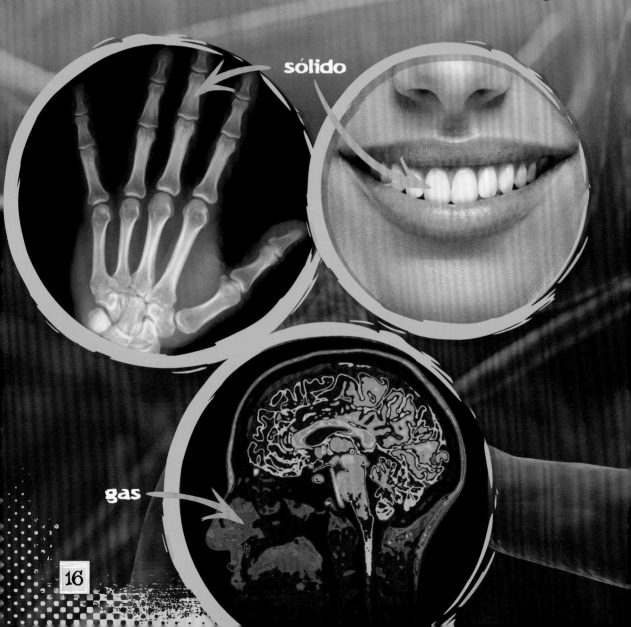

sólido

gas

¿Pero por qué es líquida la sangre? La sangre debe poder fluir libremente por el cuerpo. ¿Por qué son sólidos los dientes? Deben ser fuertes para masticar los alimentos para que puedas digerirlos. Cada parte del cuerpo está en un determinado estado por un determinado motivo.

líquido

Materia cambiante

La materia no siempre permanece igual. Cambia de muchas maneras.

Un tipo de cambio es un **cambio físico**. Los cambios físicos ocurren cuando el tamaño o el estado de la materia cambian. La materia se verá y sentirá diferente, pero seguirá estando compuesta por la misma combinación de moléculas. Todavía tiene la misma masa. Por ejemplo, cuando la mantequilla se derrite, cambia de sólido a líquido. ¡Pero no dejes que la apariencia te engañe! Sigue siendo mantequilla. Aún sabe a mantequilla. Todavía huele a mantequilla. También puedes enfriarla para volver a convertirla en sólido. Luego, puedes calentarla y volver a convertirla en líquido. Los cambios pueden revertirse y no durar.

Derretir mantequilla es un ejemplo de un cambio físico.

Al aplastar una lata, cambia su tamaño. Pero su estado de la materia no cambia.

Otro tipo de cambio es un **cambio químico**. Ocurre cuando las moléculas pasan a formar diferentes combinaciones. Estos cambios no pueden deshacerse; cuando una nueva sustancia se forma, es **permanente**. Cuando se quema un tronco de madera, se convierte en ceniza. Un cambio químico ocurre cuando el tronco se quema. El cambio no puede deshacerse. No se pueden enfriar las cenizas para hacer un nuevo tronco. Las cenizas se ven y huelen diferente del tronco de madera. Las moléculas cambiaron y se ha creado algo nuevo.

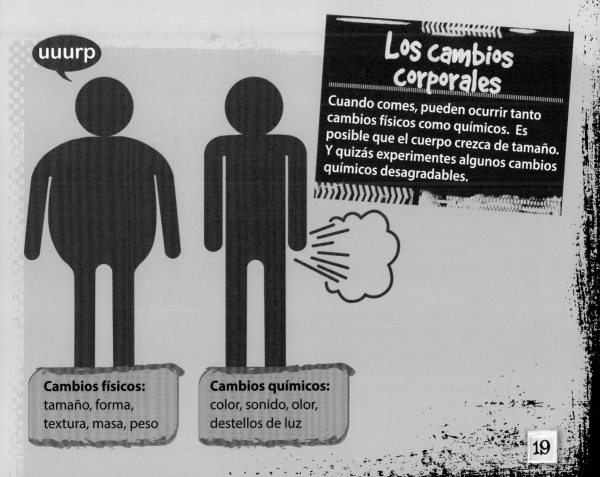

uuurp

Los cambios corporales

Cuando comes, pueden ocurrir tanto cambios físicos como químicos. Es posible que el cuerpo crezca de tamaño. Y quizás experimentes algunos cambios químicos desagradables.

Cambios físicos:
tamaño, forma, textura, masa, peso

Cambios químicos:
color, sonido, olor, destellos de luz

Calentar la materia

Calentar la materia es una forma de cambiarla. Después de una tormenta, el suelo queda lleno de charcos de agua. Al poco tiempo, el sol sale de atrás de las nubes. Calienta el agua que está en el suelo y el agua se seca. Quizás parezca que el agua ha desaparecido. El suelo ya no está húmedo ni lleno de lodo. Pero el agua no desapareció. Solo cambió de estado. La lluvia líquida se convierte en gas y el gas se dispersa por el aire. Cuando la temperatura se eleva, las moléculas se agitan y se mueven mucho. Al moverse más y más, rebotan unas contra otras. Si se aplica el calor suficiente, la sustancia cambia de estado.

El calor también puede derretir un sólido en un líquido. Imagina un cubo de hielo sólido bajo el sol. Con el tiempo, el sol derrite el cubo de hielo y lo convierte en agua. Ahora, la materia es un líquido.

Evaporación

Cuando se calienta un líquido y se convierte en gas, se **evapora** en el aire. Sudar es la forma que tiene el cuerpo de liberar calor al aire. Cuando el sudor se evapora, refresca la piel.

El agua se evaporará a cualquier temperatura siempre que la humedad del aire sea inferior al 100 por ciento.

Enfriar la materia

Cuando está lo suficientemente fría, la materia puede cambiar de líquido a sólido. El agua generalmente se congela a 0 °C (32 °F). Ese es el motivo por el que encuentras cubos de hielo en el congelador. También podemos encontrar hielo al aire libre durante el invierno. ¡Y podemos encontrar hielo durante todo el año en el polo norte!

Cambio de opinión

Los cambios de temperatura pueden revertirse. Intenta congelar jugo y convertirlo en una paleta helada. Ese es un cambio de fase. Pero puedes crear un segundo cambio de fase fácilmente: ¡simplemente ponte la paleta helada en la boca! El calor dentro de la boca derrite la paleta helada sólida y la convierte nuevamente en líquido.

Condensación

El opuesto de la evaporación es la condensación. La condensación ocurre cuando un gas cambia a un líquido. Observa este vaso de refresco.

Cuando el vapor de agua choca con el vidrio, se convierte en gotas de agua (líquido).

La materia también puede cambiar de gas a líquido cuando se enfría. Por la mañana, quizás veas agua en el pasto y te preguntes cómo llegó allí. Durante el día, el vapor de agua se eleva en el aire. Pero por las noches, el aire se vuelve más frío. El vapor de agua vuelve a convertirse en gotas de agua. Estas pequeñas gotas de agua se conocen como *rocío*. Esto sucede porque, de la misma forma que las moléculas se aceleran cuando se calientan, cuando se enfrían, bajan de velocidad. Si las moléculas reducen la velocidad lo suficiente, las gotas de agua cambiarán de estado nuevamente.

Apretar la materia

Aprieta la mano y forma un puño. Esa sensación apretada es la **presión**. La presión también puede cambiar la materia de un estado a otro. Por ejemplo, los sólidos que están muy debajo de la Tierra pueden transformarse en magma líquido con la cantidad adecuada de presión y calor.

Diagrama de fases

Un diagrama de fases es una forma sencilla de ver el estado de la materia en el que estarán las cosas a diferentes temperaturas y presiones.

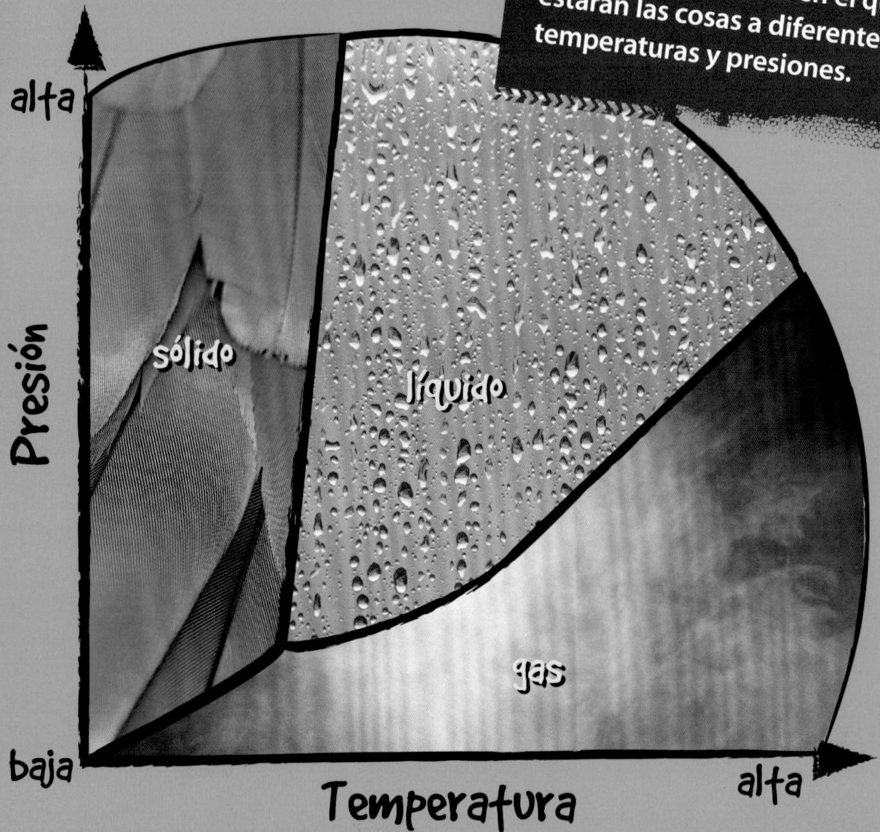

alta

Presión

sólido

líquido

gas

baja

Temperatura

alta

La presión y el calor cambian la roca a magma en las profundidades de la Tierra. Después de que el magma explota a través de un volcán, se llama *lava*.

La importancia de la materia

Sin la materia, no existirías. Sin la materia, no existiría el universo. La materia es "eso" de lo que están hechas todas las cosas. Puede cambiar de forma. Pero cada estado de la materia tiene sus propias y únicas propiedades. No podemos pasar a través de los sólidos a menos que los cortemos o rompamos. ¡Por eso es imposible caminar a través de las paredes! Los líquidos cambian de forma muy fácilmente. ¡Por eso no usamos bufandas hechas de chocolate caliente! Los gases se propagan a través del aire. ¡Por eso no puedes sentarte en una silla de gas!

La materia está a nuestro alrededor. Incluso está en nosotros. Comprender los diferentes estados de la materia nos ayuda a comprender mejor el mundo en el que vivimos. ¡Y eso es importante!

El agua es la única sustancia que existe en la naturaleza como sólido, líquido y gas.

Piensa como un científico

¿Cómo sabes que hay gas si no puedes verlo? ¡Experimenta y averígualo!

Qué conseguir

- agua
- botella de plástico
- globo
- pastilla de antiácido, como Alka-Seltzer®

Qué hacer

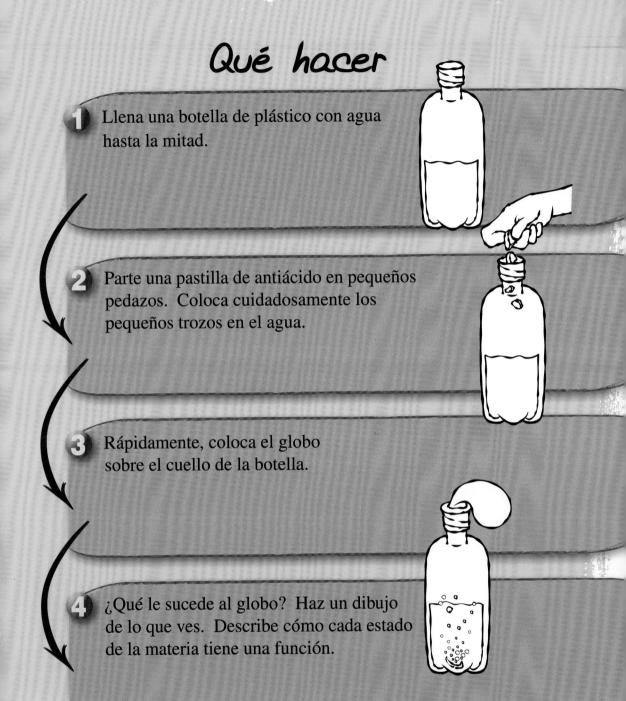

1 Llena una botella de plástico con agua hasta la mitad.

2 Parte una pastilla de antiácido en pequeños pedazos. Coloca cuidadosamente los pequeños trozos en el agua.

3 Rápidamente, coloca el globo sobre el cuello de la botella.

4 ¿Qué le sucede al globo? Haz un dibujo de lo que ves. Describe cómo cada estado de la materia tiene una función.

Glosario

átomos: pequeñas partículas que componen toda la materia

cambio físico: un cambio que no produce una nueva sustancia

cambio químico: un cambio que produce una nueva sustancia

comprimir: apretar

evapora: cambia de líquido a gas

imanes: materiales que atraen determinados metales

moléculas: las cantidades más pequeñas posibles de una sustancia determinada que tienen todas las características de esa sustancia

permanente: que dura mucho tiempo o para siempre

presión: el peso o la fuerza que se produce cuando algo presiona o empuja contra otra cosa

propiedades: cualidades o características especiales de algo

volumen: la cantidad de espacio que se llena con algo

Índice

¡Tu turno!

Sopa pegajosa

Mezcla almidón de maíz y agua en un recipiente. Agrega más agua para que sea más ligero. Fluirá como un líquido. Agrega más almidón de maíz para que sea más denso. Se volverá más duro, como un sólido. Aprieta el pegote entre los dedos. Déjalo caer en el recipiente. ¿Es sólido o líquido? ¿Cómo lo sabes?